박혜숙 제 5 시집

안개는 독백 중이다

책마늘열린시

• 본 도서는 2025년 부산광역시, 부산문화재단 〈부산문화예술지원사업〉으로 지원을 받았습니다.

가슴에 내리는 시 162

안개는 독백 중이다

지은이 박혜숙
펴낸이 최명자

펴낸곳 책펴냄열린시
주소 (48932)부산광역시 중구 동광길 11, 203호
전화 010-4212-3648
출판등록번호 제1999-000002호
출판등록일 1991년 2월 4일

인쇄일 2025년 10월 28일
발행일 2025년 10월 31일

ⓒ박혜숙, 2025. Busan Korea
값 12,000원

ISBN 979-11-94939-07-8 03810

• 저자와 협의하여 인지를 붙이지 않습니다.
• 잘 못된 책은 바꿔 드립니다.
• 이 책의 내용 중 일부 또는 전부를 저자 및 출판사의 동의없이 사용하지 못합니다.

□ 자서

열심히 걸어온 길 끝에
문단의 막중한 업무를 맡았다
매사에 최선을 다하자란
나와의 약속에 발길이 앞선다

그 사이 또 하나의 책임으로
언어 사투 속에 시집이 태어났다
글자들이 밖으로 나와 자유롭게 난다

다 돌보지 못한 시간 속에
완벽하지 않았던 나의 손길
그 순간을 놓친 데 미안함이 앞선다
그러나 끝이 아닌 또 다른 내일이 있다

내 안의 말들이 꺼내져
걸어온 길의 발자취와
나와 함께해준 모든 이에게 감사하며
고마운 마음을 전한다

2025. 늦가을에
저 자 박 혜 숙

목차…4
자서…3

제 1 부

나비 날갯짓…11
테트라포드에 빠지다…12
안개를 벗다…14
보또랑 물을 품다…15
오솔길에 들다…16
비상구…18
을숙도에서…20
다대포 안개…21
두레박 나무…22
꽃잎이 전하는 말…23
뻐꾸기 둥지…24
집요한 셈법…26
찔레순이 돋아 난다…28
백두산 폭발…30
늙은 호박…32
푸른 장미…33
노을 전망대 서가에 서다…34
급체…36

제 2 부

새날 변곡점…39
소나기…40
지난 시간을 털다가…42
말랑한 뒷모습…43
분홍 낮달마중…44
젖은 목요일을 말리다…45
황톳빛 물결…46
을숙도 노을…47
너에게 물들다…48
첫눈…49
겨울 여행…50
보름달…51
팥빙수 '억'…52
장미꽃길에 기댄 오후…53
광복로 빛 축제…54
안개를 벗다…56
뿌리에게…57
여름 또 여름이 되면…58
국화 전시회…60

제 3 부

만인산에서…63

천문동 공중정원에 들다…64

석모도 마애불…66

천지…67

섬, 밥상이 쉼표…68

고흐 속에서…70

수국 길…71

천지에 들다…72

화개장터…73

이팝꽃에 기댄 오후…74

앵무새를 위하여…75

정승골 아침…76

그림 물방울…78

광화문광장에서…80

모래 썰매…81

동백꽃 주파수…82

수석 탐석…83

백남준 숲…84

제 4 부

하늘 줍는 할머니…87
해를 따라가다…88
혼자 일어나는 밥알…90
딸꾹질…91
구두 한 짝…92
안개는 독백 중이다…93
재개발…94
묵언…96
반야용선 타고 떠나다…98
구두를 버리다…100
멀거나 가깝거나…102
고무나무에 쓰다…104
삼킨말 토하다…105
관념을 자르다…106
고운 날…107
달의 뒷면…108
귀가…109
나무를 심다…110
파도 응원 타기…111
□ 해설/일상 관계에서 사이의 발견-강영환…112

제 *1* 부

나비 날갯짓

 나비가 난다 오른쪽으로 날던 바람이 몸을 돌려 왼쪽 귀가 찢어진다 신발 바꾸어 신은 제주 할망 춤사위다 할망은 왼쪽을 나는 나비다 나비길이 함께 춤추는 바다, 눈은 지금 운진항에 있다

 가파도 향하던 발길이 폭풍과 줄다리기다 발버둥 쳐도 흔들리는 육신 우산은 이미 손을 떠났다 태풍의 손에 든 항구 빠져드는 늪에서 더 옭아매는 파편 속 얼굴을 후려치고 달아나는 바람, 할망은 기억 따라 운진항을 떠돌다 치매 속에서 두 팔 벌려 흔들리는 차창에다 손을 뻗는다

 블랙홀에 빠진 할망을 삼킨 폭풍우 까맣다가 하얘진 태풍의 눈에 누웠다 '송다' 발자국 찍힌 유리 파편 무색 춤사위에 깃발을 흔든다 폭풍우가 지나고 젖은 바닥에서 곡선을 그리는 나비 한 마리 제주섬은 다시 그녀 안에 산다

테트라포드에 빠지다

제방에 누운 신호공단 끝자락 바닷가
낚아챌지도 모르는 바람 속

'파도야 어쩌란 말인가'

온몸으로 파도를 기다리는 여자에게
폭풍 너울이 그녀를 덮친다
그 여자 테트라포드 속으로
파도를 안고 떨어진다
그녀는 폭풍의 눈이다
물꽃 속 사계절이 함께 흘러간다
그녀는 여왕이다
부르는 대로 도열한 남자들
말하는 대로 행동하는 대로 그녀는 신났다
용궁 속에 놀던 한때도 식상한지
잠꼬대 가속에 하품하다 혀를 문다
지나가던 소독차가 놀라 달린다
그 여자 눈에서 허물이 하나씩 빠진다
뼈마디마다 빠져 나간다 바닷가 끝으로

누워 있던 그 여자
테트라포드 밀고 버스를 탄다
붉은 노을이 번지고 있다
아무 일도 없다

안개를 벗다

묵상 너머 묵상이다
아침마다 짙게 내리는 안개를 입고
얼굴 내미는 낙동강을 본다
치맛자락 날리며 강변로를 달린다
날개 펼친 콘도르가 술래잡기하자
안개 흩어지며 건물 뒤로 사라진다
어둡다 바람이 분다
출발선에서 뜀뛰기 하는 무리
떠나지 않으려는 한 무리
입었던 옷을 벗지 않으려 한다
붉게 다가서는 여명이 흔들린다
사라지는 것을 염려하지 않는 너는
꿈속에서 여태 서성인다
주인공이 된 짧은 시간이 걷히고
너를 데리러 온 태양은
강변로 넓은 길에 서서 어둠을 거둔다
고요하게 숨 쉬다 한 겹씩 벗고
가벼워지는 너, 추워 보인다

보또랑 물을 품다

 모내기한 후 보름 무렵 학교 파하면 논에 물 당번이다 논물로 사이 좋았던 엄마와 이웃 동네 경수네 아버지가 큰소리로 다투고 난 후, 사촌 언니와 함께 물길 지킴이로 보또랑으로 간다 우리 논 아래 큰집 논이라 물꼬를 뺏기지 않고 큰집 논까지 가득 담고 나면 물길을 내어 준다

 보또랑은 우리 동네 보배다 물대기를 마친 여름이 다 가오면 중간중간 둠벙가에 오디가 영글고 그 아래 둠벙마다 여자 남자 멱을 감다 뽕나무에 올라 오디를 따 먹는다 보랏빛 변한 입술에 오디 물이 들면 서로 보며 웃는다

 비가 많이 오고 난 후 저수지에서 내려온 물로 보또랑은 물 반, 고기 반이 된다 큰 고기는 동네 어른들 웃음이 잡고 작은 고기는 아이들 신발 차지다 멀어져 간 시간이 지나고 장미 둑길 고향 개울 물소리가 내 귀에 젖어 든다 홀랑 벗고 뛰놀던 머스마 가스나 새까맣게 타버린 얼굴, 반짝이는 눈동자 물비늘에 눈이 부신 날이 또 내 품에 온다 품속 가득 보또랑 물을 안는다

오솔길에 들다

컴퓨터 켜니
오솔길이 푸른 얼굴로 다가온다
오후 두 시가
모니터 숲으로 들어간다
숨길 거친 유리창에
새 한 마리 넋 놓고 있다
날개 둘 곳 찾았다는 듯
열린 창으로 들어온다
모니터와 유리창 사이에 내가 있다
나도 오솔길을 걷는다
눈이 맑아지니 시계는 시각을 잊었다
침묵을 깨뜨리는 후투티
오솔길 누비며 온 숲을 휘젓는다
물관에 숨은 사월 연두가 전염된다
나도 한 그루 나무
작은 나뭇가지 위에 잠들던
바다 여름이 가을로 가고 있다
내 날개도 숲을 지나
오솔길에 핀 들국화 향기 따라

내 안에 와 함께 이어지는
자작나무 숲길

비상구

발버둥 치는 바람 꼬리가 낯설다
바람이 냇가를 뒤엎자
송사리 솟구치다 떨어지듯
얼굴에 풀이 죽어 누렇다

"미경아 왜 그래"
"십오 년 같이 살던 '별'이 죽었어"

출구가 보이지 않는다며
물에 빠진 웃음으로
실밥처럼 흔들리며 웃는다

"언니 살아갈 힘이 없어"

시장통 옷가게 문 걸어 잠근 지 보름

"엄마 가신 것도 아닌데 개꿈 잊고 힘내라"

엄마 때보다 더 아프다며

혼자 중얼거리는 나무 막대기
출구는 어딘가 있기 마련이야
문 열고 빨리 나오렴

을숙도에서

공항 오르내리는 은빛 날개 새처럼
잔디 위에서 날개 펴고
봄을 안고 하강하는 여자
휘날리던 벚꽃이 되어 누워 있다
생태공원 초록빛 도화지에
흔적 따라온 휘파람새도
나뭇가지에 앉아
그녀 궁금증에 꿈쩍도 않는다
지상에 내린 새가
공원 몸속 깊은 곳에서
하늘바라기로 봄잠에 들자
초록 날개 편 큰 새
을숙도 하늘을 높이 난다

다대포 안개

해변은 해무로 포위되었다
빠른 물살에도 밀려나지 않는 너는
비밀스런 마사지로 연인들을 부른다
안개 장막에 갇힌 남녀는
해수욕장 산책로에 푸른 비밀을 토해놓고
거대해진 마사지 팩으로 비밀을 덮는다
멀리 뱃고동 소리는
얼굴 없는 가면을 통과하라 타전한다
아파트는 불빛으로 간극을 메운다
깜빡이 불빛으로 자신을 보호하는 자동차
지척은 서로 선을 긋는다
그러나 안개는 완강하다
누구에게도 들키지 않으려 한다
가까이서 내게 손을 내밀 것만 같아
해조음에 귀 기울인다
비밀 속으로 몰운대가 떠간다

두레박 나무

 풀어져 처진 어깨허리가 굽어 땅에 닿으려 한다 이사 온 지 삼 년 지난 고무나무 이태 동안 기름 바른 머리카락에 손바닥보다 큰 잎은 늘 여름이었다 지난겨울 뒷 베란다에 두었다가 올봄에 화단으로 옮겼다 화분에 두 그루 사이좋게 노닐더니 누런 떡잎으로 한 그루가 숨을 거둔다
 한 나무가 입술 달싹인다
 깊은 신음이 지줏대에 걸린다 아침마다 주고받던 눈짓 바닥에 주저앉는다 "자, 실컷 들이키렴" 영양제 타서 뿌리까지 보낸다 일어서고 있는 너, 얼마나 아픈 시간을 견뎠을까 나도 아프다 몸꽃이 피고 여름 색이 도는 고무나무 제 이름을 깊이까지 불러들인다

꽃잎이 전하는 말

 산 벚꽃은 수를 놓다 봄빛을 밀고 마을로 내려오는데 서로에게 비를 뿌리는 두 찻잔 입을 닫고 의자만 만지작거린다 말 없는 사이 꽃잎이 날아와 찻잔을 채운다 날선 어둠은 옷을 벗고 새 봄으로 갈아 입는다 꽃잎을 띄운 잔은 일어선다 두 손 밀어 넣고 화해 꽃 피우니 손끝에 와 닿는 뭉클 꽃잎이 전한다 '봄은 화해란다 손잡고 걸어보렴'

뻐꾸기 둥지

새벽을 깨우는 젊은 뻐꾸기 노래가
일어날 때마다 이웃이 고개 내밀고
목청껏 웃는 소리에 동네가 신난다
서울서 대기업 다닌 아들 철이가
내려오면 한 달 동안 동네가 환했다

마산 아지매 걸음에는
지우개가 있어 하루가 일 년이다
절름거리는 길들이 나무 의자에 앉아
골목을 응시할 때면
목욕 봉사차가 드나들고
일주일에 나흘은 요양 도우미가 왔다 갔다

빛나던 장독대는 거미에게 세 놓고
빛바랜 벽에 매달린 뻐꾸기 둥지는
알도 없이 문 열린 지 오래다
몇 번 더 목백일홍이 피고 지자
그녀 뻐꾸기 둥지 위로 날아갔는지
딸이 준 이쁜 꽃신은 처마 밑에서

하늘에서 신고 다니는지 알 수 없다

눈길이 자주 간다 아린 빈집
줄에 매달린 거미 허공을 탄다
빈자리에 낮달이 기울어진다

집요한 셈법

하단 오일 장날 해거름
이웃한 좌판끼리 서로 밀당이다
높이 나는 반복된 목소리와
높아지는 셈평 흥정 속에
삿대질도 오간다

난장에 나란히 앉은 두 좌판
'골라골라' 팔십 프로 골프 옷 땡처리와
쓸쓸한 할머니 푸성귀 소리
콧대 세우는 신경전이다

'입은 거지는 대접받는 당께'
'안 입어도 살아, 그래도 먹어야 사닌께'
수양버들 영역 다툼이다

밀려드는 땡처리 좌판 옷 때문에
주목 못 받는 파와 푸성귀 풀이 죽는다

만지작거리며 서성인다

바지를 살까, 파를 살까
내 눈치에 덤으로 몇 움큼 더 얹는 시금치
바지도 사고 파도 샀다 시금치는 덤이다
'그래 내가 잘했다'
전등이 웃고 있다

찔레순이 돋아 난다

누구일까 내 곁을 맴도는
나보다 더 나를 공손하게 올려다보는
까까머리 소년
어느 길에선가 한 묶음으로 묶었다
꿈쩍도 않는 내게
밭에서 슬쩍 따온 참외도 포도송이 몇 묶음도
사립문 앞에 두고 갔다

나를 불러내지 못하고
홀로 골목을 서성이는 발자국
왔다가 갔다가

봄날, 갈래머리 이학년 때
옆집 언니가 둑에서 이백 원을 주웠다
우리 집 밭둑이라 내 것이라고 우겼다
주운 사람이 임자라고 손망치가 높이 오르는데
그 소년 뚝심 있게 내 손을 들었다
밭둑이 우리 것이니 내 것이란다
그리고 찔레 순을 꺾어 까 주었다

다음해 말없이 떠났다
그 소년 가족과 함께

봄이면 가끔은 모퉁이를 돌아가는 긴 그림자 하나
밭둑이 보이고 동전이 보이고 참외도 보인다
잘 살고 있는지 찔레순이 자꾸 돋아 난다

백두산 폭발

내 꿈이 안내문 없이 흔들린다

새벽 네 시 치명적인 폭발이다
신의주는 사라진 도시다
화쇄암 폭풍이 평양을 덮고 있다는
긴급 뉴스
'최후의 날' 영화가 상영 중이다
빨간불 들어온 뉴스도 여진에 흔들린다
어디로 갈지 모르는 화산재에 갇힌 평양
오전 일곱 시 폭발은 멈추었다
서울로 내려오는 폭발 숨 막히는 시간이다
부산까지 올 검은 구름 훔친다고 온몸이 나선다
속살 보이는 귀신 되어 손 비비고 지상에 올라
용서라는 말로 목을 내놓는
'북쪽 지도자 동무'
유년 때 기원이 이루어 졌나
뉴스에 사라졌다는 특종 보도다

여덟 시 뉴스 바뀐다

아무 일 없는 춘몽인가
해 맑은 기상 캐스트 짧은 치마가 펄럭인다
벚꽃 멍울 터지는 소리에 곧 봄이 온단다

늙은 호박

사과밭 언저리 밭둑에
누렁 호박 몇 덩이 앉아 있다
허공을 향해 손을 뻗어 보지만
옆으로만 몸짓을 부풀려 늙어간다
바닥을 기어서라도
낮에는 햇살 품에 안겨 둥글게 웃다가
밤이면 달빛 유혹에
키를 늘린 푸른 밤 있었다
초여름이 지나고 여름 건들장마에
바람 무게가 뼈마디에 내려앉자
하늘은 너를 위해
푸른 달빛 처방전을 내민다
아픔을 달빛으로 희석하자
꼬리를 거두는 장마
가슴에 안겨 오는 새벽 햇살에
늙은 호박이 환하게 웃고 있다

푸른 장미

문을 밀고 들어온 눈길이
"어머 예쁘다 푸른 장미, 농장에 재배한다더니
 여기 피었네"
키 높이에 놓인 꽃바구니 앞에서
깊이 있는 속살 꺼낸 향기에
열렬한 시간 지나고 점심시간이 눕는다
"저 꽃 진짜 아니지예 이제보니 조화 같은데
 맨날 저는 한참 늦어예"
차를 마시던 다른 눈길이 모두 꽃바구니로 간다
입을 모아 진짠 줄 알았다고 고백한다
내 시간 속으로 찾아온 것은
선물하고 간 장미 조화다
컴퓨터와 씨름하다 눈 시려 올 때
푸른 동산에 젖어 든다
그늘에서도 지지 않는 꽃
조화면 어떠리
네 미소가 더 간절한 오후다

노을 전망대 서가에 서다

저물 무렵
하얀 서가와 인테리어가 예쁜
계단식 서가를 거쳐
강물이 하늘 한 귀퉁이를 물고 사라지는
'노을이 아름다운 하단복합센터' 루프탑에서
노을을 안고 사는 하구둑과 을숙도에 젖어 있다

붉게 물들어 말없이 흐르는 강
다대포 앞바다서 불 밝힌 비행기
공항 향해 낮아지는 걸음에
해 지는 고향으로 돌아오는 것인가
생각에 말 수 줄어든다

바람이 강변로 벚나무 쪽으로 휘어진다
강물에 얼굴을 묻고
하루를 쓰고 있는 노을
강바람에 다시 쓰다 지우다 반복이다
나무 굽은 허리 곧추세우니 잔잔해진다

노을이 노을 속으로 걸어 들어간다
노을이 아름다운 저녁은 서가 길에
몸 부풀리며 산다

급체

마른 혀가 웅크린 침묵은
삼십팔 도를 유지한 채
광안리 백사장에 간다
드론으로 출렁이는 밤하늘
그대 언어는 목을 꺾고 눕는다
낮 동안에 주워 모았던 물음이
호텔 창가에 기대앉아
광안대교에 별과 함께 빠진다
급체 때문인가 오르내리는 체온에도
입을 닫고 침묵을 노크하지 않는다
시선은 드론 따라 하늘에 떠 있다
그대 찔러 둔 말 물음이 쓰러질 때
내 체온도 올라가 머릿속이 하얘진다
응급실로 아버지 모셔 가겠다는 아들 단호한 결정과
축제 즐기라는 말도 부담이다
힘을 주어 말해도 궁핍한 내 언어
기다리는 내내 말문이 닫힌다
시선 밖에 내가 있다

제 2 부

새날 변곡점

머리카락이 시간을 놓친다
머뭇거리다 또 하루가 간다
새벽 세 시에 서재로 나서다
거울 속 낯선 여자와 마주한다
목덜미 아래 늘어진 머리카락
미로 속에 서 있는 얼굴을 본다

가위를 든다
비문들 자른다
나무가 흔들린다
거울도 흔들린다

풍경을 뒤집는 바람에도
낯선 여자 거울에서 웃는다
잘려진 비문에 새벽이 웃고 있다
낯선 대문을 민다

소나기

마른장마에 무논 등짝이 갈라진다

산 능선에 큰 농사 짓는 김선출 씨
입술도 말라 터진다
운문령 넘다 멈췄다는 소나기 예보에
운문호 호수만 들고 그 자리서 쳇바퀴다
들깻잎 말라 비틀어지고
고추는 고개를 아래로 떨어뜨려
물 한 모금 못 넘기는 그 남자
하늘만 쳐다보다 입속에 한숨 가득이다
스프링클러 졸고
천인국은 꽃 핀 채 말라 간다
저 멀리 자욱이 짙어지는 능선들
추적이는 소리도 없는데
보이지 않는 빗줄기 침묵 너머
빗방울에 몸 담는다
꿈적하지 않던 먹구름
점점 깊은 골짜기로 박힌다
간절한 기도에

동공에 비가 찾아온다
착시에 미소 띤 그 남자
갑자기 하늘이 운다 소나기다

지난 시간을 털다가

 강물에 손을 넣는다 골목에 뜯어낸 이웃집 마룻바닥과 천장 판자 산처럼 쌓여 강물로 흐른다 바랜 판자 발자국 밀고 함께한 사십여 년 못이 박힌 신문지가 고개 숙인다 마루 밑 흰 고무신 잰걸음으로 나온다 눈 부신 저 울음이 눈을 뜬다 판자 내동이치다 영미 엄마 말

 "한 달 집 비웠더니 옥상 수도관이 고장 나 대공사가 되었어요 아파트로 이사 갈까 고민 중이에요 신랑은 못 간다에 한 표인데 미안해요 먼지 일으켜서"

 말 먼지가 골목을 흐린다 먼지를 털며 건넨다

 "주택은 공기가 그래도 좋잖아 새소리도 듣고 흙먼지도 마시고 꽃내음도, 그냥 살어 우리 같이 살자"
 "그렇게 해야겠지예 신랑이 그래도 대주인데"

 투명한 공기 알맹이 골목에 웃음꽃으로 구른다

말랑한 뒷모습

 비 오는 날 영남루는 내 안방이다 내려보는 밀양강에 빗금 친 빗줄기가 꼬리를 문다 구름에 삼문동이 지워진다 풍경이 흐르다 비가 그치면 다리 위로 쏟아지는 발걸음, 입술을 치고 재잘거린다 돋아난 푸른 날개가 강둑 따라 키재기하면 비바람에 떨어졌던 꽃잎도 맑아진다 남천교에 서면 패튜니아꽃 일렬로 손 흔들고 있다 환하게 재잘대던 친구 뒷모습이 건너간다
 지워진 기억을 줍고 있다

분홍 낮달마중

땅 입에 분홍 입술 칠하고
살가운 눈길로 내 발길을 묶은 꽃
삼락공원에서 다시 만났다
한때 너만 찾아다닌 적 있다
단발머리가 태양에 박힌 페달을 밟다
만나는 이웃마다 분홍 웃음 주고받으며
들길에 향기를 날랐다
너를 안고 집 대문을 밀친다
화단에 사랑초 무리 속 낮은 한 송이
모퉁이서 제 길을 낸 꽃을 보니 눈물이 난다
입술을 열라고 길을 틔우며
푸르른 하늘을 키운다
꽃대를 올리며 내 몸이 달아오른다
작은 길이 큰길을 내며 솟아오른다

젖은 목요일을 말리다

발목 젖는 여름 장마다
목요일에 기대어 오후를 건너다
노란 우산 둘 이마 맞대며 하교한다
피아노 교실 앞에서 울상이다
젖은 신발로 들어가야 하나
집으로 가야 하나 망설이다
그림자 없는 발자국이 목요일을 떠민다
피아노 수업 건너뛴 둘
엄마와 가끔 가는 떡볶이집에 앉는다
젖은 목요일을 말린다
웃음소리에 비가 다시 온다
고개 숙인 하루도
떡볶이 국물에 녹는다
우산을 벗는다

황톳빛 물결

누우떼가 뛰어 든다
굴렁쇠 굴리며 달리던 한 낮
폭풍에 제 몸 감추기 바쁘다
황톳빛 강물 악어 눈알 굴리다
뒤처진 여린 누를 덮친다
강물은 핏빛이다
포식자가 살점을 뜯자
남은 누우 떼는 힘을 다해 강을 건넌다
누가 죽었느냐는 듯
강은 또 다른 물결로 흘러온다
지나간 물결은 한 생명의 그림자
새로 도착한 물결이 덮어주며
다른 물결로 흐른다

을숙도 노을

노을 꽃이 번지다가 흩어지는 하단
일웅도 강변에 앉아 곱은 손길로
빈 종이컵 만지작거린다
산 넘는 반쪽 해를 안고
다른 한 손으로 이마 받쳐 들고
돌아서라고 시간을 흥정한다
벗나무 아래 산책 나온 그림자도
시간 껍질 줍느라 잰걸음이다
넘어가는 해를 누가 매달 수 있나
으스름 걷어내려 발꿈치 드는 을숙도
버스도 길 문장 따라 지나가고
웅크린 현대미술관도 우두커니
반쯤 눈 뜬 노을 속에 발을 걸친다
흔들리는 건 꽃만이 아니다
숨 멈춘 체 침 삼키는 저문 무렵에
노을 넘어가는 눈길도 뜨겁다

너에게 물들다

사월 벚꽃에 물든다
오후 세 시에 분홍구름 흐르는 명지둑길이 있다
봄볕이 밀어내는 꽃잎이 강 울림 숲에 젖다
신호가 바뀔 때마다 건널목을 걷는다
길을 지우며 지나는 길손 머리에
벚꽃 안부 올린다

먼 길 건너오다 마주친 만남
꽃 미소에 몸이 날개를 단다
둑 아래 한쪽 발 내밀던 가을 갈대도 안부를 얹는다
들판도 벚꽃도 손을 얹는다

향기 따라 끓는 봄 치맛자락
꽃잎 나르는 한 마리 나비 꿈꾸며
봄을 밀어 올리다 벚꽃 가지 입에 문다
얼마나 간절했으면
볕살에 눈곱 없이 깨어나
꽃을 피우는, 너에게 물든다

첫눈

하늘 이마가 땅에 눕는다
설렘은 어디 가고 운전대 잡은 손
앞을 막는 폭설에 떨고 있다

너무 낯설고 억세다
머리 풀고 도포자락 펄럭이며 덮치려 한다
안 잡히려 피하는 속도에
끝없이 추락하는 날개
전조등 불빛도 떨고 있다
차창에 갈기 세운 산맥들
상고대로 뒤따라오건만
얼어붙는 발길

한 시간 포효는 선물이라며
이마 반짝이는 오후 네 시
앞가슴 편 근육질 사내
말발굽 소리로 안긴다

겨울 여행

 산허리 낙엽송 사이 길을 따라 통나무집에서 그대 몸매 같은 첼로 연주가 산빛을 휘감아 겨울을 끈다 두 집 건너 애절한 퉁소 소리가 산을 밀면 스산한 구름 한 조각 물고 화음에 취해 옹이진 그루터기에 넘어진다 산을 뒤로하고 낙엽이 경계를 허문다

 겨울이 길을 찾아 떠난다 굽이치는 길에서 만난 깊어진 겨울 바다는 키 큰 파도를 낳는다 부챗살 바위를 돌아 길은 굽이쳐 흐르다 산통으로 막 낳은 섬 하나 파도를 밟고 일어선다 땅끝을 붙들고 일어서다 산책 나온 물안개가 섬 하나 밀고 뭍에 오른다

 겨울 바다는 찾아오는 해맞이 손님 맞이 하느라 해안선을 달린다 세찬 바람에 아득한 감기 걸릴지라도 해안선에 기댄 시계는 키를 더 높인다 밀려드는 파도와 나그네 발자국 업고 함께 흐르는 정동진

 바람을 밀고 파도를 당긴다고 새겨진 시간 따라 누가 나의 집시 벽을 붙들어 줄까 내가 잠시 머물던 길 끝에 낯선 동해가 달린다

보름달

정월 대보름날
달집 타는 불 속에 발을 밀어 넣는다
일 년 기도는 하늘 숨구멍을 트고
엉덩이를 들고 있다

춤사위가 사위어 갈 때 마지막 동작도
모두 목을 치켜들고 있다
제 질그릇 색을 찾고
매끈한 달은 하늘로 오른다
희고 따뜻한 어둠이다

공원 자판기를 누르니
보름달이 내려온다
방금 마주한 달이 환하다
마주한 너는 차고 높이 오른다
네가 삼킨 공원은 밀물이다

팥빙수 '억'

유리그릇에 쌓인 눈꽃
연유와 팥과 망고 산을 이룬다
설빙 한 입 먹다 차가운 입맛에
친구와 얼음 눈빛 주고받는다
반쯤 비우자
'억' 머릿속 빙하가 갈라진다
통증이 핏줄 타고 번져간다
뱃속이 얼얼하다
이 시린 투정까지 뱉으면서
멈추지 않고 설산을 허문다

남지 않은 그릇에 남은 흔적이 있다
지친 시간이 녹아 물이 된 추억은
등 시린 따뜻한 표정이다
눈꽃 이를 드러내고 여름이 웃고 있다
설산 이마가 녹는다

장미꽃길에 기댄 오후

 봄이 노래를 부르며 간다 신록 사이로 넌출진 붉은 줄장미 자태에 입이 다물어지지 않은 봄 상동 명품 장미꽃 보러 가는 차 행렬에 입구는 목이 길어진다 사람은 걷고, 차는 달팽이가 되어도 봄은 사뿐히 나는 나비이다 바람이 몰고 온 먹장구름 쏟아져 차창에 빗금 긋는 빗방울 오후가 비에 젖어 질척거리니 익명으로 찾아드는 연민으로 주춤, 비에 젖은 울음 쓱쓱 닦으며 저만치서 햇살 잎새 사이로 고개 든 장미 바람에 향기 실어 나른다 장미꽃 길을 걷는다는 건 가시의 아픔과 꽃송이의 아름다움 모두 한 뿌리란 걸 독해하는 일 신안 둑길에서 안인 들판으로 흐르는 장미 웃음소리 어머니가 오래 바라보던 줄장미 넝쿨에서 내 동생 닮은 꽃 피어난다

광복로 빛 축제

빛이 광복로를 훔쳐간다
본색을 버리고 노랑, 붉은 반짝이는
옷을 걸치고 거리를 활보한다
호흡이 긴 빛을 보듬고 그림자 길게
깨움 발 들고 키재기한다

그림자는 정갈한 이웃을 불러들이고
길거리는 혼돈 속에서 헤매며 살다
왜곡되면서도 줄지어 선 빛에 이끌려 간다
몽환 속 발길은
옷깃 스치는 광복로와 타협하고
자신을 비우고 타자를 보듬는다

가로수도 빛을 둘러쓰고 모델이 된다
빛은 즐겁다
루미나리 축제 발을 적시는 것은
이웃과 어깨동무하고 함께라는 것이다
너를 보면 환해서 절로 웃고 싶다

빛의 향연이
검은 하늘을 수놓아 푸른 은하로 떠다니고
그 사이에 눈꽃이 날린다
루돌프 마차에 아이들이 손을 흔든다
저마다 색깔로 거리는 이미 차고 넘친다
우리는 완전한 꿈을 위하여
서로 어깨 기대어 따뜻한 미소 머금고
축제는 밤을 이끌고 새벽으로 가는 중이다

안개를 벗다

묵상 너머 묵상이다
아침마다 짙게 내리는 안개를 입고
얼굴 내민 낙동강을 본다
치맛자락 날리며 강변로를 달린다
날개 펼친 콘도르가 술래잡기하자
안개 흩어지며 건물 뒤로 사라지는 모습이
어두워지자 바람이 분다
출발선에서 뜀뛰는 무리
떠나지 않으려는 한 무리
입었던 옷을 벗지 않으려 한다
붉게 다가서는 여명이 흔들린다
사라지는 것을 염려하지 않는 너는
꿈속에서 여태 서성인다
주인공이 된 짧은 시간이 걷히고
너를 데리러 온 태양은
강변로 넓은 길에 서서 어둠을 거둔다
고요하게 숨 쉬다 한 겹씩 벗고
가벼워지는 너, 추워 보인다

뿌리에게

 벚나무가 사는 일이 바람 가는 대로 흐르지 못한다는 것을 알아버린 너 꽃잎처럼 발을 깊이 밀어 넣는다 십일월 저문 화단 가 꽃잎 그대로 고개를 숙인 국화 분 물 끊고 버티다 깊어 가는 목 마주친 눈을 화단에 심는다 뼈대 세워 물을 주고 잊어 버렸다 사그라진 잎등은 있는 듯 없는 듯 그러나 서로 부여잡고 뿌리는 뿌리에 등 두드리며 바닥에 깊이 내린 새 움을 틔워 꽃밭 풍경을 흔드나니 푸른 얼굴로 두런두런 일어서는 국화 다섯 그루 봄 기척 입술 벌어져 열리는 소리 깊이 발 뻗는 소리가 기특해 다가가는 발이 환하다

여름 또 여름이 되면

유안 사과가 익는다
뿌리내린 그 말에
외갓집 가고 싶은 신발이 움찔거린다

사과가 발길 끌어당긴다
은희 오빠가 먼저다
외사촌 이웃 오빠와 친구들
멱 감고 책을 읽으며 나눈 꽃 이야기와
둥글게 익은 포도 따먹던 사춘기다

오빠는 들꽃을 매번 쥐여주고 갔다
사과향기가 몇 번 지고 불현듯 생각나
외갓집에 갔다 오빠는 없다
소식 묻고 싶지만 감정 들키고 싶지 않았다

사십 년 지나 외숙모 장례식장이다
자꾸 내 자리를 탐하는 머리 희끗희끗한 남자
그때 들꽃을 준 남자애다
돌고 돌아 만나는 연어 놀던 강이다

들꽃 달고 다니던 숨겨 둔 페이지
기차는 떠나고 정거장 홀로 노을에 젖는다
말 한마디 나누지 못하는, 아니하지 않는
못다 핀 들꽃 인연에 다시 빗장을 건다

국화 전시회

석대 꽃단지 마산농원 넓은 터에
철마다 제 이름을 앞세운 꽃들이
차렷 자세로 경례한다

눈웃음 무게를 가늠하다 고른
혈색 좋은 노란 프리타블 소국
스무 화분 일렬로 세운다

노란 별들 속에 또 노란 별들이
자고 나면 팝콘처럼 터지는 축제
국화와 노니는 시화 전시실엔
향기도 함께 노란 별이 된다

누군가 꽃은 마음이라고 하였던가
주인 따라간다고 하던가
노란 국화 꽃술 매달고 축포를 맞은 발길
관람객도 웅크린 그늘 털고 간다

제 3 부

만인산에서

넝쿨 반지 여섯 손가락
숲속 딱새 호실 문지방 나서다
앞서가던 발길 따라
태조 태실 향해 한적한 숲길로 든다
굴참나무 상수리나무도 어깨 맞대고
조선 왕들 납신다며 도열해 있다
홍단풍은 도포 자락 걸치고
조선 태조라며 붉게 호령한다
떡갈나무 숲에서 다른 노래를 듣는다
꾀꼬리가 노래하듯 딱새들 합창에
힘주어 손가락 거는 만인산 약속이
산그림자 에워싼다
조선 사직을 등에 지고
태실을 안고 만인산을 품는다

천문동, 공중정원에 들다

하늘은 구름 속이다
신선 다녀간 천문산에서
발로 슬쩍 기둥을 민다
구름이 열리고 키 재기 하는 기둥들이
천문 앞에 줄을 선다
하늘도 나도 공중정원에서 논다

영화가 상영 중이다
원가계에서 새를 탄 아바타가
동굴 속으로 날아온다
텔레비전 속 비행기가
내 눈에 들어온다
두 마리 새가 공중에서
천상을 오르내린다

거대한 정원은 에덴이다
발을 디밀고서야
아바타 은밀한 속살을 만졌다
칼날을 시퍼렇게 깔고 앉았다

산림山林의 고수가 여기다

등 뒤 검은 절벽을 견디며
망망대해를 건너온 너를
공중정원 끝이라 부른다

석모도 마애불

눈썹바위 마애불이 선정에 든다
사백열아홉 층계 끝에 발길이 닿으면
바위에서 뽑은 엷은 미소가
서해 바람을 불러와 돛대를 세운다
물결 무늬 주름이 바위 속을 간다
연속 사방 치맛자락 펼친 곳에
마주하는 관음불 친견하면
내가 네게로 온 사유가 밝아온다

잠잠해지는 옷매무새 따라 펼쳐진 석모도가
파도가 밀어 올린 계단을 올라온다
서해가 가슴 높이에서 출렁인다
해안에 길을 만든 갯벌도 먼 수평선도
이곳에 서면 모두 해탈인 것을
섬 중에 섬 이곳은 서천이다
이제 내려가는 계단 위에서
발자국이 춤을 춘다

석모도에 짐을 내린다

천지

개벽하는 천지를 찾아 떨림 한 줌 안고
발걸음 한 계단씩 올랐을 뿐인데
슬픔은 호수를 볼 수 없다는 타전
나에게는 알아들을 수 없는 그 전언
안개를 걷어차며 길을 헤쳐 오른다
허망한 발길로 툭 차버린 내 시선이
길을 잃고 나서야 간절해지는 이 등정에
백두산 장군봉을 받들면서
숨죽이며 흐려진 그 길 위에 선다
나를 놓고서야 지워진 길이 고개를 든다
하늘과 땅 사이 안개는 수많은 관객 앞에
공연을 끝내고 자취를 감춘다
하늘이 허락한 천지가 웃음 띤 얼굴을 내민다
환호성이 웃음을 들어 올린다
땀방울 딛고 올라선 발자국
상기된 얼굴로 천지와 접선한다
너를 안으니 너는 더 깊이 나를 안는다
오랜 시간 곁에 있고 싶은
천지는 우주의 배꼽이다

섬, 밥상이 쉼표

그 섬엔 곰삭은 맛이 있다
맞이하고 싶은 일출과 쉼을 찾아
시방선착장에서 배를 탄다

뜬구름이 멈춘 펼쳐진 푸른 물결에
새잎이 돋아나고 날개가 퍼덕인다
가슴이 다가오는 이수도에
상륙하는 발걸음이 가볍다
한 상 가득한 밥상
상차림에 느낌표가 입을 연다
가슴이 열리고 웃음이 절로 나
숨 가쁜 한 달이 다리 뻗고 멈춘다

속이 따뜻해지고 생각이 고요해진다
내게 위로하는 네 노래도 들린다
그 작은 멈춤에 내가 있다
시간이란 문장 속에 마침표 없이
숨도 없이 끝남도 없이
달리며 쓰는 문장은

때론 삐뚤어질 때 있다
여기, 쉼표 하나 찍으니
다시 시작을 위한 숨 고르기다

고흐 속에서

빈센트 반 고흐를 다시 만났다
푸른 소용돌이 속 작은 산비탈 마을
빛나는 초승달과 물결치는 별들
사이프러스 나무가 춤추며 하늘로 오르고
'별이 빛나는 밤'에 노란 박수가 터진다
국제시장 오공구 일층 액자 속에서
별을 만나 한참 서성인 유년이 있다
열다섯 송이 해바라기도
마냥 가슴 뛰는 회오리에 나를 가두다
어른이 되어 너를 찾아다녔다

귀 잘린 속울음은
그래도 살아야 했음이라 말한다

'해바라기'
'별이 빛나는 밤'

낮과 밤을 이어준다
너를 선택한 나를 곱게 포장 중이다

수국 길

날빛 알갱이 떠도는 해안 포토 로드
윤슬 바다와 어우러진 수국 송이에
미끄러진 빛살 보각대는 선율에
다가선 눈길이 미소 짓는다

여기저기 꽃잎들이 소시락대며
서로 어깨를 포개고 바람보다 먼저
꽃송이에 기대어 키를 높인다
저구항 소담 덩이 무리 지은 축제에
유람선도 덩달아 뱃고동 울린다

아름드리 붉음과 보라 색색 별
풍만한 꽃잎에 시선 닿자
몸은 더 크게 들썩인다
무지갯빛 내 안 밀어가
꽃잎 앞에 두고 내년을 약속한다

천지에 들다

백두산에서 주워 온 못난 돌멩이
천과 지라고 중얼거린다
모국어로 천지라 부르니
흐렸던 태양이 높이 일어나
호수에 걸린 하늘 문을 민다
천둥소리 들리니 기립박수다
푸른 배경이 된 일행
동서남북 부풀어 오른 사람들
날씨보다 더 맑게 갠다

반대편 능선에는 백두산 호랑이가
한 귀퉁이 베고 누운 잔상이다
내 발자국과 돌멩이 궤적을 데리고
당신에게 이 얘기를 한동안 들려주려 한다
숲이 바람에 잠시 흔들려도
자작나무 행렬은 뒤따라오건만
아직도 두고 온 하늘이 있는 것 같아
자꾸 뒤돌아본다
언제쯤 다시 하늘에 들려나

화개장터

입담이 살아있는 주인장 침 튀기며
화개장터 씨앗호떡 일미란다
이 집 앞에만 늘어선 손님
발길 접고 녹차 씨앗호떡 시킨다
번호 몇 차례 건너갔다가 뒤집은 후
종이컵에 담아준 녹차 씨앗호떡
한 입술 담고 입안에서 발아한 새싹
가슴에 품는다
길을 가다 또 한 잎 문다
낯선 거리가 맞은 편에서 건너온다
꽃핀 웃음소리가 시장을 메운다
사방에서 씨앗 움트는 소리
새소리 씨앗을 물고 장터를 날아다닌다
당신을 부르는 소리
호떡 되어 후끈해진 오후다

이팝꽃에 기댄 오후

봄이 노래 부르며 간다
이팝꽃 드리워진 차창 가에 봄 밥상이 문을 민다
봄이니까 입이 다물어지지 않으니
봄날은 연이어 가는 나비이고
창밖 가로수로 발음 서툰 절창이 몰려든다
위양못 가는 길은 차들로 물결이다
입구는 목이 길어진다 코 앞이 위양못이다
사람은 걷고 차는 기어가고
넋 나간 얼굴들 봄빛을 지운다
바람은 먹구름을 몰고 와
차창에 빗금 친 빗방울 폭우로 쏟아진다
비 내리는 오후가 뒷걸음친다
붉은 봄날도 하얗게 지나갔다고
함께 간 숙모 주름 이마 들추며 숨결 내뱉는다
비 밭에 논두렁 밭두렁
비안개 흩날리는 추억들을 되뇌며 익명으로
찾아든 슬픈 가락, 바퀴도 없이 구른다
비에 젖은 울음을 묻어두고 돌아간다
다음 해 꽃을 기약하나 흘러갈 뿐이다

앵무새를 위하여

 보고 싶은 꽃은 높고 먼 하늘에 있다고 장미공원 지나 엄마 손잡고 앵무새 보러 가는 조막 손길에 장미들이 손을 흔든다 동물원 새공원은 소프라노 놀이터다 나뭇가지 타고 노는 앵무새 휘파람이 아이들 입술에서도 난다 철자 박제된 노랫가락도 앵무새가 오후를 태엽으로 돌리고 있다 오후를 올려놓은 고사리손에 앵무새가 날아 앉는다 되풀이된 동작에 아빠가 지쳤나 보다 "피곤한 앵무새를 위하여 그만 가자" 아이 손 잡은 뭉툭한 손길로 나비 잡으러 보문호로 간다

정승골 아침

알람이 문을 민다
산길 따라온 새벽 창밖은 아슴하다
밀양 정승골 푸른 등짝이 굽이쳐
마디마다 도드라져 온다

가슴을 쓸어 담던 외길 숨은 골짝 길
곡예 하듯 지난 운전대
앓던 소리 어디 갔나
산새 소리만 청정한 아침을 부른다
스무 살 젖가슴 같은 숲을 어깨에 걸치고
쉴 새 없이 깊어 가는 풀빛 세상도
이 아침 숨을 고르며 무더위 반음 넘긴다

해맑게 웃는 앞니 빠진 다섯 살 아이도
여치 잠자는 풀숲 발로 깨운다
쉽사리 일어나지 않는 얼굴들
'잠들어 있는 동안 이웃을 흔들지 말라' 는
높게 솟은 어머니 결구
감나무 가지 끝에 바람으로 앉는다

펜션 풀장에 남자 셋 물비늘로 번뜩인다
이웃을 깨우는 물보라 얼굴로
아침을 흔든다
커튼이 열리고 창문이 흔들리고
빛이 살아있다

그림 물방울

너는 어디에 서 있는가?
있는 듯 없는 듯 있고
둥글고 길쭉한 모습으로
멀리서 보면 투명한 구슬이고
가까이 보면 속내로 재잘거린다
네 안은 비어 있으나 꽉 찬 허공이다
연속으로 피는 홀로 된 물방울
김창열에 숨 쉬고 있는 홀릭이다

한 편 무성영화를 보는 듯
'밤에 일어난 일'
그의 물 한 방울 앞에서 서성인다
두근거림이 몰려온다
발 디딜 틈 없는 관람객이 지나가도
이별할 수 없어 멈춤 버튼을 누른다

무엇을 말하는지
물방울 속엔 무엇이 있는지
그림 속으로 눈이 들어간다

눈망울과 물방울이 겹치는 사이
화폭이 전시장을 안고 눈과 방울을 껴안는다

내가 들어가고 네가 들어오고
지근거리에서 모르는 시선과도 눈 맞춤하다
밤 물방울에 눈을 얹고 있다
제 몸 비틀어
허공을 벗어나려는 힘 돌올한 바늘이다

광화문광장에서

 소통에 막힌 광화문광장에서 남산행 택시를 기다리는 손들 이월 마지막 겨울 날씨에 뒤엉켜 들었다 놓았다 반복이다 지친 발걸음이 콧물을 쏟아 놓는다 이벤트는 꼬리를 물고 이어지고 광장은 덤덤한 낯빛으로 걸어간다 이태원 천막 뉴스 끌고 들어앉으니 눈 내리는 늦은 밤에 잠 못 자고 보초 선 젊은 경찰관 눈에 밟힌다
 눈앞에서 미끄러져만 가는 택시 미련 두지 않고 떠나보낸다 세종문화회관 뮤지컬 캣츠 내한 공연 포스터 눈길을 잡고 '메모리' 당기니 떠난 한 남자 그리워 세종회관 앞에서 서성였다는 내 친구 영옥이 지워지지 않는 얼굴 닦는다 넓은 광화문 거리는 지난 내 봄이었다 안타깝고 아쉬운 보도에 서서 육조거리 눈에 넣고 내 겨울을 떠나보낸다 곧 올 봄을 위해 꽃피운 매화 선구자 소식 여기저기 떴다 함께 한 광장에는 꿋꿋이 버티고 서 있는 세종대왕과 이순신 선구자가 있다

모래 썰매

 바람에 땀 훔치면서 판랑 모래사막을 넘다 보면 종아리가 튼실한 또 다른 바람이 맨몸으로 사막 언덕을 덮친다 다리 들고 양팔을 흐느적거리다 눈먼 춤바람은 회오리로 일어선다 마른 늪을 건너서 모래 속으로 사라지는 신기루 좇아 끝을 알 수 없는 비밀스러운 이야기가 사구로 높아진다 바람 불면 흩어지는 모래알 흐느낌한 알씩 여물다 다시금 다른 동네로 사라지는 슬픔에 높이가 흘러내린다 바람이 멈춘 자리에 나도 멈춘다 다시금 바람이 분다 방랑자의 음악이 숨겨진 모래 언덕 춤사위가 흘러가는 구름이 되어 썰매장 찾은 신발들이 박자를 탄다 모래 썰매는 속도를 즐긴다

동백꽃 주파수

터널 속에서 속도를 늦춘다
음악을 켜고 달리는 습관이 저녁을 삼킨다
매일 뉴스 하나를 세우고 또 하나를 돌린다
다른 주파수로 넘어간다
피어나는 '모란 동백' 남성 저음 톤
날갯짓 따라 귀가 비단을 삼킨다
봄이 온다는 알림이 매화에 착지하면
너와 나 거리를 재고 기록하다
지칠 줄 모르고 다시금 거리만큼 머뭇거린다
저녁이 달려간다 노래 속도에 역주행해
어둠으로 가는 마음이 빠르다
누군가를 향해 더듬어야 할 주파수가 아직 남았다
방치된 눅눅한 핸들은 방향을 버린다
세워 둔 거리를 다잡아 너와 나 주파수를 맞춘다
좁아진 거리에 꽃잎이 앞다투어 핀다
손잡으니 동백꽃들이 몸을 연다

수석 탐석

덜 깬 눈이 불을 켜면 반짝이며 반기는 산수경석 오석에 아버지가 보인다

이슬 맞은 새벽 유천역에서 역무원 손에 들린 손전등 신호 따라 아버지와 동생 함께 김천행 통일호 탔다 차창 가에 보이는 물안개 낀 가을 아침 출렁이는 꼬리 무는 노란 물결 따라 점촌행 개경천가 상상 나래 펼친다

아버지 수석 탐석에 발품을 판다 개경천에서 숱한 돌을 뒤집으며 내가 주인공 되려 애쓴다 돌 안에는 우주가 있다 비뚤한 삶이 보이고 자신이 보이고 헤맨 몇 시간째에 매의 눈인 아버지가 심 봤다

'산수경석'

참, 잘났다

나에게 기념한 그 선물 방문 들 때 날 때 아버지가 보인다

새벽 기척에 경석을 보면 설렌다

백남준 숲
—부산현대미술관에서

'케이지' 숲에는 백남준이 살고 있다
저마다 숲 이야기로 목소리를 높인다
모니터는 달그락달그락 눈을 뜨고
이 나무 저 나무에 타전한다
짧게 분절된 이음새로
항상 잘 지내냐는 안부로
대화는 한계를 좁힌다
빛 사이 관계는 깊어 가고
내 숲은 공상으로 건너간다

'나의 축제는 거칠 것이 없어라'

내가 말하는 연결음이 하나로 울리다
살가운 정을 풀어 놓고 자리를 뜬다
백남준 숲에 들었지만 남준은 보이지 않는다
시선이 일그러진 모니터를 향해 독백을 한다
만져보고 일그러진 형상에 몰입하게 하다
체험에 든 숲속 발길이 몸을 감아 건다
끝까지 움켜쥔 숲에서 내가 날아간다

제 4 부

하늘 줍는 할머니

낡은 손수레에 종이 상자 가득 싣고
기역자 허리 굽은 할머니 땅 보며 간다
열무 빈 종이상자에 하루를 계산하는 무게
안짱다리로 끌고 간다
반대편 우거지 식당 앞
넉살 좋은 주인장 모아둔 상자까지
손수레에 실어주고 의자를 내민다
따뜻한 무게로 주저앉히는 손길
잠깐 모습에
지나는 눈시울이 점을 찍는다
하늘에 먹구름이 걷힌다

해를 따라가다

'해가 좋아, 달이 좋아'
'난 해'
'무엇을 감추는 어두운 것 싫어'

초등 때 할매 물음에 큰소리 지른 내 답이
지금 내 앞에서 웃고 있다
땀방울이 얼굴에 흘러내려도
뜨거운 울음으로 매미가 숲을 달구어도
속 깊이 타오르는 열정으로 쏘아 올린
저 가지 끝에 매달린 뜨거운 열매를 찾아
지칠 줄 모르는 태양 향한 발길 놓지 않는다
내 체액을 쏟아내고 흰 살을 태워
까만 반점이 올라
숨길이 거칠어 잠시 추락할지라도
다시금 날아올라
이글거리는 너를 잡으려 한다
두 시의 태양을 잡고
잠시 고개 숙인 오후 세시 나뭇잎 따라
나무 그늘에서 몸을 식힌다

숲 그늘로 빗금 치며 따라온 너는
숲에 둘 수 없어
다시금 내 그림자 앞세워 너를 따라간다

혼자 일어나는 밥알

압력솥 부르는 노래가 슬프다
먹는 밥알이 숟가락에서 일어선다
오십에 혼자되어 애들 결혼 다 시키고
구름 되어 떠다니더니 문득
친구 혜정이 문자가 왔다

'눈과 입으로 먹는 것도 싱겁고 짜고 맛이 없다
 항상 씩씩한 너는 맛있니'

토요일 점심때 그녀 슬프게 문을 누른다
급한 걸음으로 된장 끓이고 따뜻한 밥 차렸다
밥 생각 없다던 그녀
말없이 두 그릇 비우다 눈물 훔치는 그녀

"감사하는 마음이 식을 땐 자신을 놓는 일이야
 따뜻한 마음이 살아 있는데 무슨 걱정이야"

한 알 밥알이 구르며 일어서는 말들
너의 밥 혼자서도 눈부시구나

딸꾹질

점심때를 알리는 생리를 따라
사무실 문이 열린다
입맛 따라 식당으로 향하는 발길
멀어지는 뒷모습과 발길 사이
눈앞으로 스쳐 가는 흰색 세단
역주행이다
순방향 가던 검은 차가
'미친 새끼야'
고함 오다 순간에 급회전한다
쫓고 쫓기는 영화 한 장면
교차로 지나 멀리 사라져 가는 두 승용차
검은 차가 흰 차를
붙잡았는지 안개가 인다
멀어져간 길 따라 놀란 내 입맛이
씁쓰름하게 딸꾹질한다

구두 한 짝

너덜해진 슬리퍼 한 짝이 간이역에서
몇 발짝 떼지 못하고 주저앉는다
풀잎 줄로 동여맨 신발이
소년은 난감하다
발바닥에 핀 먼지들이 쌓여
테두리 역사 밖을 향해 고개 숙인다

축 처진 발 앞에 또래 남자애
검은 구두 반짝이며 기차를 탄다
구두만 뚫어져라 눈길 따라간다
구두 한 짝 출발선에서 떨어진다
몇 번이나 주워서 기차로 던지는 소년
애틋하게 손 내밀고 오고 가다
남자애 한 짝 소년에게 던져준다
소년은 구두 한 켤레 가슴에 안는다

이 풍경이 눈물을 부른다
내 안에 들어와 앉는 두 부처 환하다

안개는 독백 중이다

북항 안개에 대교가 사라진다
바람이 길을 열면
거친 기호 가득한 떨림을 지운다
신선대도 조도도
어느 손가락 끝에 있는지
유리창에 납작 엎드린 포말들
달릴수록 하얗게 부서진다
신선대 터미널 트렌스퍼 크레인
기지개 켜며 아침을 부른다
바다와 어깨동무하고 다가온 안개는
자리를 차지하고 옷을 벗지 않으려 한다
대교 위로 흘러가며 스며드는 침묵들
페달을 깊게 밟는다 희미한 미로를 가르며
붙잡을 수 없이 흩어지는 시간 속
낯을 가리고 뒷모습 보인 봉래산도 있다
신선 터널을 빠져나오자 저만치 장산봉 이마가
말갛게 단장을 하고 손짓한다
경계는 이미 없다고 안개는 독백 중이다

재개발

삼 년째 뒤틀린 재개발사업에
이 씨 집 허기가 시간표에서 삐걱댄다
모임 때마다 각목이 난무한 빈터에
개발이 구겨져 딸꾹질하면
다달이 늘어나는 대출 이자 상환에
가위눌린 가슴이 엉키는 고리들

어떻게 해야만 하나
오일장 난전에서 생선 팔다
칼 한번 휘두를 때마다
머리가 떨어져 달아난다
바람은 시간을 지우고 왔다가 가는데
이자에 허덕이는 이 씨는
먹구름 뚫지 못하고 빗속에 서 있다

'아직은 젊으니 힘내자'
남루한 생각은 벗어던지라는
이웃사촌 형의 간곡한 처방에
느티나무 주름살 펴 보자고 약속한다

가슴 속에 무지개를 품고 여기까지 왔는데
눈 둔 데 몰라하는 하늘도 미안한지
구름 뒤에서 햇살 주름살 편다

묵언

구름에 걸어둔 내 말은
여의봉 휘두르는 오공이 아니다
지평선 찾으러 떠나는 집시도 아니다

'한 생각이 일어나면 한 생각을 일으키지 말라
 입을 열어도 입을 열지 않아도 서른 방망이'
화두 속에 빈터 물결이 탄다

구름 떠가는데
하늘이 없고 땅이 없다
옳고 그르다 좋다 나쁘다 없다
무엇이 내 말인가 무엇이 네 말인가
생각을 끊은 곳에 구름이 있다

하늘도 땅으로 바꾸어 버리는
여의봉 휘두르는 꿈속에서
슈퍼보드 곡선을 타고 논다

하늘도 내 그늘에 있다

살아 있음에 몸짓이 필요한 때
구름 타고 서로 등 떠밀고
같이 피어오르는 묵언에서 꽃이 핀다

반야용선 타고 떠나다

꽃잎으로 떠난 네 빈자리 돌아본다
마지막 통화가 뒷덜미 붙든다

"내가 많이 아프다"
"죽 싸서 갈까"
"아무것도 못 먹는다"

무게 없는 친구 목소리 흘려들었다
보름 뒤 부음 소식
바쁜데 오지 말라는 그 말
허공에 나부끼다 뒤돌아보니
빈 하늘에 서성대는 눈물 날들
네 무게 잊으려 자리한 막재 날
바라춤 지나자, 종이 반야용선 타고
이승을 건너는 듯 가볍게 흔들리는 촛불
흘러내린 눈물이 뒤돌아 앉는다

떠나는 느낌표가
말없음표 되어 먼 길 떠난다

입속말로 불러보는 네 이름
이제, 그림자 없는 너를 내려놓는다

구두를 버리다

함께 온 길을 위해 길 위에 나를 위해
숱한 흔적을 남긴 구두를 위해
휴식을 선물할 시간
안녕이다

커피숍 바닥이 신발 가루로
수상한 흔적은 바람 타고 흥건하다
발가락 오므렸다 몇 자국 떼어 보니
한 조각 비늘이 낙엽 되어 흩어진다

몇 년 전 비싸게 산 구두
옷매무새 맞춰 몇 번 신었다가
손님과 가는 길에 삐끗하여 넘어졌다
발바닥을 보지 않았을까
기우뚱한 걸음걸이로 발자국을 더디게 한
긴 하루가 해일로 밀려온다

내 구두가 낸 길 위로
너를 고요히 보낸다

구두 상자에 벤 긴 침묵으로
분홍 낮달마중 파열음에 귀가 녹는다
끌리는 새 만남을 위해

멀거나 가깝거나

'기억의 불확실성' 증세가 중독을 낳자
친구 '순이'와 '숙자' 작은 다툼이 잦다

하루 한 번씩 전화로
고무줄놀이 추억담부터 자식 자랑 신랑 험담
떨어진 거리만큼 길어진 수다는
'과잉 기억 증후' 순이와
'순간 기억 상실' 숙자
오십을 넘기면서 금이 가기 시작했다

너 기억이 틀렸다고 자신만이 옳다는 그녀들

잘 지내다 벚꽃 놀이 모임에서
둘은 또 기억 논쟁에 불꽃이 붙는다
주저 없이 소리 나는 봄날 아지랑이 상실
노란 개나리 분홍 햇살이 피었건만
자신의 꽃만 피었다고 우겨댄다

나이테가 굵어지자

순이와 숙자를 이해하며 토닥이는 친구들
야윈 어깨에 떨어지는 미안스러운 쓴웃음
미루나무에 걸터앉아 햇살을 헹구고
다시 깁는 둘 다 봄꽃이다

고무나무에 쓰다

물 주고 잎 닦아 준 고무나무
큰 잎 한쪽이 어느 날 누런색이다
먼 나라 안부를 들려주려는가
누구 손길 기다리는 중인가

영양제 처방이다
오가며 자주 가는 눈길
눈동자 다해 숨결 주지만
실핏줄 터진 상처 가늠할 수 없다

아침마다 너에게 타전한다
아프지 말라 응원한다
침묵으로 일어나라 편지를 쓴다
네게 숨결이 전달된 것일까
내 손끝 온도가 속살을 데웠는지

몸이 찬 바닥을 차고 손등은 더 푸르고
키가 한 뼘씩 높아만 간다
한 걸음씩 다시 빛을 짓는다

삼킨 말 토하다

 반 토막 난 술자리

 선배들 술잔이 오가다 A 선배가 호주 다녀온 얘기 시작이다 동창들 얘기 안주 삼아 한 드라마 끝나고 민생 회복지원금 난도질이다 미국과 중국 패권 싸움과 이란, 이스라엘 전쟁으로 건너간다 미사일과 드론이 날아다니다 말 전쟁 터진다 사람과 술이 부대끼니

 '네가 틀리네, 내가 옳네'

 B 선배는 육두문자를 쏘아대며 미사일 날린다

 '너는 할 말 없어'

 말 없는 내게 C 선배가 끼어든다 이 자리가 불편한데 내가 무슨 말을 하리 선배에 대한 신의가 파열음으로 사라진다 후배들은 느낌표까지 챙겨 슬며시 자리 뜬다 이런 자리를 밀고 갈 수 있으려나 목소리 큰 전쟁에, 해병대 서슬에 살아남을 수 있으려나

 호박 마차가 도착한 시각 문이 열리고 힘껏 내 달린다 가렵던 입이 반란을 주도하자 새 경전을 핸드폰에 눌러 쓰다 삼킨 말을 토한다

 '다시는 술자리에 늦도록 합석하면 내가 아니다'

관념을 자르다

ㄱ과 ㄴ은 등짐 진 한 몸이다
ㄱ은 매끄럽고 ㄴ은 울퉁불퉁하다
서로가 맞다고 또 우겨댄다
자신의 실타래만 돌린다

바람 따라 흘러 가다
얽히고설켜 점점 꼬이는 매듭들
서로를 침범한다
화해가 돌아앉는다

푸른 송곳을 가지고 마구 찔러 볼까
가위로 싹둑 잘라 볼까
질긴 틀에 갇혀 있는 둘
다른 방책이 없다
칼로 엉킨 매듭을 자른다
더 높이 날아오른다

고운 날

아침 문자가 눈을 뜨게 한다
'비교하지 않으면 행복입니다'
길을 밀고 나서는 문자

사무실 문을 밀친다
웃으며 반겨주는 꽃바구니
두고 간 꽃 속 쪽지 글
'늘 따뜻한 미소 나누어 주세요'

드나들며 환해지는 나 스스로

연분홍 진달래 흰색 장미다
복가색 이름 모르는 꽃
너무 곱다 고와
까르르 웃는 아기 웃음이다
환한 꽃 얼굴 보니
오늘도 무엇과도 비교하지 않았다

달의 뒷면

삼월은 가지 끝에서 분주하다
꽃이 터지기 위해
추위를 가두고 햇살을 키운다
목련봉우리 달의 뒷면을 비춘다
서로 닿지 않는 얼마쯤 거리일까
앞면을 뒤집어도
뒷면은 계곡 아래서 출렁인다
달빛이 목련 어깨에 손을 얹자
납작해진 음영 사이로 달빛 조각들이 부푼다
태양의 발길이 맞닿지 않아도
밤하늘 직녀 얼굴로 다가오는 너
사월이 온다
보이지 않는 네 발자국에도
네 얼굴에도 달빛이 터진다

귀가

짙은 회색을 둘러쓴 너울 속
한 남자가 달린다
오토바이에 얹은 발바닥이 뜨겁다
족발집 오후 일곱 시 전화벨
네 갈래로 흩어지는 헬멧 가장들
발바닥을 찍고 저녁 내내
하단 오거리 샛골목 누빈다
경주마처럼 달려가는 그 남자
다리에 힘을 주고
무한궤도가 혹여 무너질 듯
식솔들 고비사막 오르다
밤이 깊어질 때야
더 가깝게 집으로
지친 발바닥을 안고 온다

나무를 심다

바람도 피로가 두터워지자
부르튼 입술에 가슴이 시리다
지킬 몸을 위무시키려
바람이 길을 나선다

바람 잘 날 없던 나무가
봄 햇살과 목련꽃 인사에 기대고
바람 손잡고 나선 외출이
바다를 건너간다

카톡에서 집 안부 주고받는다
멀리 있어도 나를 놓지 못하고
지붕 위에 나무를 심었더니
초록이 나에게 길을 묻는다
붉은 입술에 바람이 분다

파도 응원 타기
-롯데 경기를 보면서

함성은 사직구장 밤을 삼킨다
이루에서 홈으로 빠르게 회전하자
객석 파란 물결이 파도를 일으킨다
반대편에서 시작된 파고가
야구장 응원가에 얹히면
몸을 일으켜 모두 만든다
밤을 잊는 홈런에
뱃고동 소리가 삼만의 관중 흔든다
긴장하는 시소게임 속 4번 타자다
치킨 들고 흔들자
'전준우' 만루홈런이다
거대한 물결이 관중석을 밀고 간다
돌진하는 파도에 생이 솟구친다
파도에 올라 출렁이는 물 위 미끄러지면
내가 파도가 되고 파도가 내가 되는
푸른 몸으로 밤을 달구는 파도 야구장

□ 해설

일상 관계에서 사이의 발견

강영환(시인)

 시는 묘사와 진술로 구성된다. 묘사는 시의 옷이고 진술은 시의 몸이다. 이 두 요소가 잘 어울리면 완성된 한 편 시가 된다. 독자가 읽는 것은 진술이다. 그 진술은 나와 다른 진술이어야 읽을 가치가 있다. 진술은 독자에게 전해 줄 대상에 대한 시인의 느낌이나 생각을 말한다. 그래서 독자들 생각과는 다른 생각이나 느낌이어야 한다. 어떻게 다른 것을 찾아내어 전달해야 할 것인가를 시인들은 고민한다. 시인들이 가장 어려워하는 부분일 것이다. 남들이 가지 않는 길을 걸어야 할 이유가 시인에게는 있다. 그것을 찾아 고민하고 밤새 잠 못 이루는 밤을 지새워야 하는 것이 시인이다. 반면에 묘사는 시인이 지닌 느낌이나 생각을 잘 포장하는 옷과 다름없다. 붉은 옷을 입히면 진술은 붉은 느낌을 독자에게 전해 줄 것이다. 푸른 옷을 입히면 그 의미는 푸르게 보일 것이다. 묘사는 어떻게 해야 독자에게 가장 효과적으로 전달될 것인가를 담고 있는 그림이나 형상이라고 보면 된다. 이에 집중하는 시가 이미지 시다. 시는 언어로 그린 그림이다는 말처럼 구체적 모습으로 전달되는 것이 가장 효과적이다. 추상적이거나 관념적인 모습은 전달에 실패할 우려가 높다. 묘사와 진술, 이 둘이 합쳐진 의미가 표현이라는 말이다. 표현은 드러낸다는 의미를 갖고 있다. 시인의 속에 든 마음을 밖으로 드러내 보여주는 작업이다. 그래서 시를 표현이라고 말한다. 표현은 시인마다 가진 고유한 권한이다. 누가 이래라 저래라 간섭할 수 없는 표현에서 시인은 자신이 하고 싶은 말을 자신의 방식으로 한껏 뱉아 낼 수가 있다. 박혜숙 시인의 진술에는 일상 관계에서 만나는 사물들 사이에 내재하는 특별한 의미에 집중하고 있는 모습을 갖는다. 줄이면 사이의 미학이다.

    아버지 수석 탐석에 발품을 판다 개경천에서 숱한 돌을 뒤집으며 내가 주인공 되려 애쓴다 돌 안에는 우주가 있다 비뚤한 삶이 보이고 자신이 보이고 헤맨 몇 시간째에 매의 눈인 아버지가 심 봤다
    …중략…
    나에게 기념한 그 선물 방문 들 때 날 때 아버지가 보인다

새벽 기척에 경석 보면 설렌다

—「수석 탐석」 일부

  이 작품에서도 일상의 관계에서 만나는 사물 혹은 대상들 사이에 의미가 존재한다. 나와 아버지, 돌과 아버지, 탐석된 나의 집에 놓인 돌과 나와 아버지 관계가 어떤 의미를 가진 사이를 지닌다. 아버지가 찾는 수석이 있고 그 수석과 나와 갖게되는 관계에도 내 일상을 차지하는 아버지의 존재가 있다. 이런 대상들 사이에 존재하는 삶의 의미가 박혜숙 시인이 찾아가는 현실인 것이다.

  부산문인협회 이사장이라는 중책을 맡고 있는 박혜숙 시인의 이번 작품집에는 사이가 갖는 의미를 다양한 표현으로 독자들이 지닌 각기 다른 성향에 쉽게 스며들고 있음을 느낄 수 있다. 쉽다는 표현은 시가 쉽다는 의미는 아니다. 시인의 생각이 적절한 묘사를 얻어 독자들이 쉽게 접근할 수 있음을 뜻한다. 박혜숙 시인의 작품은 우리들의 일상과 멀리 떨어져 있는 허상들에 대한 접근이기보다는 가장 가까운 이웃들이나 친한 친구들 또는 손자와 손녀들의 모습을 쉬운 언어로 담아내기에 누구에게나 공감을 줄 수 있다는 의미이기도 하다. 그것이 이 시집이 안고 있는 '사이의 미학'이라고 볼 수 있다. 박혜숙 시인의 작품에는 다양한 일상들이 나타난다. 그 일상들은 지극히 사실적인 모습을 취하고 있어 가공되지 않은 현실 그대로의 모습이다. 박혜숙 시인의 일상이 지닌 특징은 다양한 일상이 다른 일상을 만나 깊이를 더하는 모습에서 삶에 기대지 않고도 일상의 모습만으로 삶이 가진 의미의 깊이에 따른 효과를 부른다는 것이다. 그것은 워낙 다양한 일상과 일상이 만나 새로운 관계를 만들고 두 일상 사이에 생성되는 의미를 덧대면서 생활시의 한계를 넘어서고 있음을 발견할 수 있다.

(가) 발목이 다시 젖는 여름 장마다
    목요일에 기대어 오후를 건너다
    노란 우산 둘 이마 맞대며 하교한다
    피아노 교실 앞에서 울상이다
    젖은 신발로 들어가야 하나
    집으로 가야 하나 망설이다
    그림자 없는 발자국이 목요일을 떠민다
    피아노 수업 건너뛴 둘
    엄마와 가끔 가는 떡볶이집에 앉는다
    젖은 목요일을 말린다
    웃음소리에 비가 다시 온다
    고개 숙인 하루도
    떡볶이 국물에 녹는다
    우산을 벗는다

—「젖은 목요일을 말리다」 전문

(나) 삼 년째 뒤틀린 재개발사업에
　　이 씨 집 허기가 시간표에서 삐걱댄다
　　모임 때마다 각목이 난무한 빈터에
　　개발이 구겨져 딸꾹질하면
　　다달이 늘어나는 대출 이자 상환에
　　가위눌린 가슴이 엉키는 고리들

　　어떻게 해야만 하나
　　오일장 난전에서 생선 팔다
　　칼 한번 휘두를 때마다
　　머리가 떨어져 달아난다
　　바람은 시간을 지우고 왔다가 가는데
　　이자에 허덕이는 이 씨는
　　먹구름 뚫지 못하고 빗속에 서 있다

—「재개발」 부분

(가) 시에서 화자는 아마도 초등학생쯤으로 보인다. 장마비에 학교를 파하고 피아노 학원에 가야 하는데 젖은 발로 학원에 들어가기가 고민스럽다고 한다. 학원을 작파하고 집으로 가야 하나 망설이는데 그림자 없는 발자

국이 등을 떠민다. 그래서 피아노 학원을 건너뛰고 엄마와 자주 가던 떡볶이집에 가서 앉는다. 그곳에서 젖은 목요일을 말린다. 비슷한 또래 아이들이 모여 떡볶이를 먹으며 웃는다. 그 웃음소리에 다시 비가 온다. 아마도 학원을 빼먹은 죄책감에 고개 숙인 하루도 옷을 벗는다. 집에 와서 우산도 벗는다. 이 시에 나타난 모습은 우리네 아이들이 겪고 있는 현실 모습을 아이 시각으로 드러내 보여준다. 학원을 빼먹고 떡볶이집에 들어 앉아 우울하게 젖은 마음을 웃음으로 날려 버리는 그렇게 만들어야 하는 어른들의 마음이 고스란히 묻어난다고 말하고 싶다.

(나) 시는 마을에 재개발사업을 하는데 3년째 미적대고 있어 한시가 급한 이씨네는 자꾸만 연기되는 사업에 늘어나는 대출 이자 상환에 가위눌리기를 당한다. 생선 장수인 이씨는 칼질 한 번에 뎅겅 목이 떨어지는 생선들을 보아 왔다. 지지부진 미뤄지기만 하는 재개발사업에 목이라도 떨어질까 봐 먹구름을 뚫지 못하고 아직도 빗속에 서 있다는 것이다. 지극히 현실적인 우리네 삶의 힘든 모습을 드러내고 있다.

이렇듯 박혜숙 시인의 작품들은 가까운 이웃들이 사는 이야기이며 힘 있는 자들 혹은 가진 자들이 저지르는 만행을 고발하고 핍박받는 그들을 지켜보는 한 이웃으로서 갖는 안타까운 마음들을 담아내고 있다. 이런 시선은 자연으로도 확장되어 약육강식의 처절한 삶의 현실을 상징적으로 보여주는 작품이 있다.

> 누우떼가 뛰어 든다
> 굴렁쇠 굴리며 달리던 한 낮
> 폭풍에 제 몸 감추기 바쁘다
> 황톳빛 강물 악어 눈알 굴리다
> 뒤처진 여린 누를 덮친다
> 강물은 핏빛이다
> 포식자가 살점을 뜯자
> 남은 누우 떼는 힘을 다해 강을 건넌다
> 누가 죽었느냐는 듯
> 강은 또 다른 물결로 흘러온다
> 지나간 물결은 한 생명의 그림자
> 새로 도착한 물결이 덮어주며
> 다른 물결로 흐른다

―「황톳빛 물결」 전문

초원을 누비던 누우떼가 새로운 초지를 찾아 황토빛 물이 흐르는 강에 뛰어든다. 강을 건너는 모습에서 약한 누우를 노리는 악어떼가 있다. 굴렁쇠는 아주 평화로운 모습을 은유하는 장치다. 물속에 숨어 있던 악어가 강 건너는 누우를 덮친다. 강물은 핏빛으로 변하고 악어가 누우 살점을 물어뜯고 있어도 남은 누우들은 남은 힘을 다해 강을 건너기 바쁘고 강물은 누가 죽었느냐는 듯 무심히 흘러가고 흘러 온다. 지나간 물결은 한 생명을 휩쓸어간 그림자이고 새로 도착한 물결이 그 비극을 덮어주며 다른 강물로 흘러간다고 서술한다. 생존의 무상함을 누우떼가 강물을 건너는 모습에서 읽어낸다. 죽어가는 누우와 죽음 위를 뛰어 넘어 강 건너는 누우 사이에 흐르는 무심한 삶의 진행이 남는다. 이러한 생태는 인간 세상에서 재개발이 보여주는 세계와도 일맥상통한다고 볼 수 있겠다.

박혜숙 시인의 작품에는 다양한 장소들이 등장한다. 이 장소들은 여행에서 만난 낯선 곳일 수 있다. 단순한 여행으로 끝나지 않고 사이가 갖는 의미를 찾는 모습들이 내재한다. 이런 다양한 여행의 모습에서 자아를 인식하고자 하는 시인의 강한 의지를 보여주고 있음도 단순한 즐거움에 빠지지 않으려는 시 정신에 기인하는 바가 크다는 것이다.

봄이 노래 부르며 간다
이팝꽃 드리워진 차창 가에
봄 밥상이 문을 민다

봄이니까 입이 다물어지지 않으니
봄날은 연이어 가는 나비이고
창밖 가로수로 발음 서툰 절창이 몰려든다
위양못 가는 길은 차들로 물결이다
입구는 목이 길어진다 코앞이 위양못이다
사람도 걷고 차는 기어가고
넋 나간 얼굴들 봄빛을 지운다
바람은 구름을 몰고 온다
차창에 빗금 친 빗방울 폭우로 쏟아진다
비 내리는 오후가 뒷걸음친다
붉은 봄날도 하얗게 지나갔다고
함께 간 숙모 주름 이마 들추며 숨결 내뱉는다
비 밭에 논두렁 밭두렁
비안개 흩날리는 추억들을 되뇌며 익명으로
찾아든 슬픈 가락, 바퀴도 없이 구른다
비에 젖은 울음을 묻어두고 돌아간다
다음 해 꽃을 기약하나 흘러갈 뿐이다

—「이팝꽃에 기댄 오후」 전문

위 시에는 위양못이라는 장소가 등장한다. 위양못은 못 둘레에 숲이 이뤄져 있고 못 가운데 떠 있는 섬에는 사당이 자리하고 커다란 이팝나무가 서 있어 화려한 꽃이 만발하는 밀양 퇴로리에 있는 작은 못이다. 화자는 그곳에 달려간다. 이팝나무꽃을 보기 위해서다. 꽃구경 가는 마음은 들뜨게 마련이다. 그것이 잘 표현된 첫 행이다, 위양못 가는 길 가로수는 이팝나무이다. 가는 차창에도 이팝꽃이 피어 밥상을 차린다. 이팝꽃은 쌀밥을 지칭하는 이밥과 어감이 비슷해서 쌀밥을 상징하는 꽃이 되었다. 봄 4월은 우리 민족에게는 춘궁기라 해서 보릿고개를 넘어야 하는 고통을 함께 나누어야 했다. 이 시는 그런 의미를 배경으로 깔고 있어 꽃구경 속에는 아픔과 눈물이 함께 배여 있다. 이런 이중성이 시가 지닌 상징성이다. 차창 밖을 바라보는 화자의 입술이 닫혀지지 않음은 감탄과 경탄이 함께 오기 때문이다. 화자는 가는 길에 만난 이팝나무 가로수에 이미 절창을 빼앗겨 버린 혼미한 상태임을 고백한다. 가는 길은 차들이 막혀 코앞이 위양못인데도 차는 기어가고 사람은 걸어가고 걷는 걸음이 더 빨리 가고 짜증 담은 얼굴들이 봄빛을 잃는다. 구름이 몰려와 빗방울이 차 유리에 빗금을 긋더니 이내 폭우로 변하여 오후 시간이 뒷걸음친다. 함께 간 숙모의 이마에 진 주름이 붉은 봄날이 하얗게 지나갔다고 한숨을 내뱉는다. 비 밭에 논두렁 밭두렁이 비안개 흩날리는 추억을 되뇌이고 익명의 누군가가 부르는 슬픈 노래는 바퀴도 없이 구른다. 익명의 누군가는 위양못을 쌓던 농부들일 수도 있겠다는 생각이 든다. 아니면

춘궁기에 배를 곯았던 조상들일 수도 있겠다. 다양한 추측을 부르게하는 익명은 비에 젖은 슬픔을 묻어두게 한다. 그리고는 다음 해에 올 이팝꽃을 기억하며 돌아서게 만든다. 풍경 속에서도 그 풍경에 깃든 의미의 존재들을 찾아내는 모습이 사물을 대하는 깊이 있는 사고를 짐작하게 한다.

 박혜숙 시인은 사물과 정면으로 만나는 모습이다. 시 작품들에서 주저하는 화법이 없이 직선으로 직진해 가는 시원한 이미지를 구축한다. 그 방법의 일환으로 사용하는 표현법으로 직접 대화체를 사용한다. 대화체는 대상으로 하여금 직접 토로하게 하여 의미 전달에 선명성을 부여하고 진솔함을 돋보이게 하는 수사법이다. 독자들에게는 시의 장면 속으로 동참하게 하는 효과도 갖게 한다. 현장성과 현실성 그리고 진솔성을 갖는 대화체를 시에 차용함으로서 독자에게 둘러 가지 않는 의미임을 보여주는 것이리라. 독자로 하여금 대상이 갖는 상태나 정황을 직접 확인케 하여 더 진솔한 의미의 전달을 가능하게 한다. 독자로 하여금 사이를 적극적으로 만나게 해주는 효과를 갖는다.

 꽃잎으로 떠난 네 빈자리 돌아본다
 마지막 통화가 뒷덜미 붙든다

"내가 많이 아프다"
"죽 싸서 갈까"
"아무것도 못 먹는다"

무게 없는 친구 목소리 흘려들었다
보름 뒤 부음 소식
바쁜데 오지 말라는 그 말
허공에 나부끼다 뒤돌아보니
빈 하늘에 서성대는 눈물 날들
네 무게 잊으려 자리한 막재 날
바라춤 지나자, 종이 반야용선 타고
이승을 건너는 듯 가볍게 흔들리는 촛불
흘러내린 눈물이 뒤돌아 앉는다
떠나는 느낌표가 말없음표 되어 먼 길 떠난다
입속말로 불러보는 네 이름
이제, 그림자 없는 너를 내려놓는다

―「반야용선 타고 떠나다」 전문

 이 시에는 표현할 수 없는 아픔이 묻어난다. 왜 그럴까? 그것은 죽은 이의 담담한 현실이 담겨져 있기 때문이다. 그것이 화자의 수식어로 된 표현이 아닌 당사자 본인의 마음을 드러내고 있기에 더욱 그렇다. 죽은 이의 말은 두 마디다. '내가 많이 아프다'와 '아무것도 못 먹는다'이다. 이 두 마디에서 읽을 수 있는 마음으로는 네가 한번 보고 싶다는 의미가 담겨져 있다. 그런데 시적 화자는 죽기 전에 찾아가 보지 못하고 말았다. 친구가 떠난 뒤 막재 날 내 마음에 무겁게 숨어 있던 죄책감을 덜어내기 위해서 친구 영혼이 떠나는 마지막 지상에서 배웅을 한다. 여기에서 나는 대화체가 지닌 힘이 발현되는 모습을 본다. 독자들은 떠나는 친구의 마지막 심경을 직접 듣는다. 그리고 화자가 지닌 절실한 마음도 읽는다. 그러나 두 사람 사이의 좁혀지지 않는 간극을 알게 되고 그 간극에서 오는 안타까운 상황을 직접 느끼게 된다. 두 사람의 대화를 지켜보는 독자로서는 사별의 아픔에 직접 참여하여 그 의미를 공감하게 된다. 누가 말해주는 간접적 체험이 아니라 독자 스스로 참여하여 갖게 되는 돌이킬 수 없는 이별을 경험하게 되는 것이다. 그것이 직접화법이 지닌 힘일 수 있으며 시인이 의도한 사이의 역학관계이다.

'해가 좋아, 달이 좋아'
'난 해'
'무엇을 감추는 어두운 것 싫어'
초등 때 할매 물음에 큰소리 지른 내 답이
지금 내 앞에서 웃고 있다

―「해를 따라가다」 부분

  이 대화체 문법에서도 많은 것을 시사한다. '해가 좋아 달이 좋아'라고 할머니가 손녀에게 묻는다. 아이는 '해'라고 대답한다. 그 이유로 '무엇을 감추는 것이 싫어'라고 한다. 어른들은 아이들에게 가끔 '엄마가 좋아 아빠가 좋아'라고 묻는다. 아이를 곤혹스럽게 하는 장난기 담은 물음이다. 그것과 같은 질문이 위 '달이 좋아 해가 좋아' 질문이다. 그러나 답은 명료하다. 아이들은 어둠이 싫고 그 어둠 속에 뜨는 달도 싫은 것이기 때문이다. 그런데 그 이유로 든 것이 '무엇을 감추는' 것 때문에 어두운 달이 싫다고 느낀다는 것이다. 해를 선택한 아이가 커서 시적 화자가 되어 언제나 밝은 햇살 속에 당당히 서 있음을 발견하게 된다. 구구한 설명보다는 단도직입적으로 말을 하게 하여 직접 독자에게 전달하는 방식을 택한다. 훨씬 전달도 쉽고 빠르며 독자들도 쉽게 이해할 수 있다. 박혜숙 시인의 대화체 문법은 이 시집에서 자주 차용되고 있음을 본다.

  북항 안개에 대교가 사라진다
  바람이 길을 열면
  거친 기호 가득한 떨림을 지운다
  신선대도 조도도

어느 손가락 끝에 있는지
유리창에 납작 엎드린 포말들
달릴수록 하얗게 부서진다
신선대 터미널 트렌스퍼 크레인
기지개 켜며 아침을 부른다
바다와 어깨동무하고 다가온 안개는
자리를 차지하고 옷을 벗지 않으려 한다
대교 위로 흘러가며 스며드는 침묵들
페달을 깊게 밟는다 희미한 미로를 가르며
붙잡을 수 없이 흩어지는 시간 속
낯을 가리고 뒷모습 보인 봉래산도 있다
신선 터널을 빠져나오자 저만치 장산봉 이마가
말갛게 단장을 하고 손짓한다
경계는 이미 없다고 안개는 독백 중이다

—「안개는 독백 중이다」 전문

 안개가 피어오른다. 바쁘게 움직이는 아침 출근길 안개가 바다에서 올라와 도시를 삼킨다. 이동 시점에 따라 전개되는 안개의 포식을 화자는 순서대로 천착한다. 시선은 북항대교를 향한다. 화자가 가고 있는 길에 놓인 대교이다. 바람이 안개를 잠시 걷어 길을 열면 부산항 거친 기호 가득한 떨림이 보이고 안개는 그것을 지운다.

앞에 보이는 신신대를 향해 가는데 오른쪽으로 보이던 영도 쪽 섬인 조도도 손가락으로 가르킬 수가 없이 지워진다. 안개는 유리창에 붙어 납작 엎드린 물방울이 되고 그것들은 달릴수록 하얗게 부서져 흩어진다. 신선대 부두 크레인이 기지개를 켜면서 안개 위로 몸을 솟구친다. 안개는 물러나려 하지 않는다. 다리 위로 흘러가면서 침묵을 무겁게 깔아 놓는다. 차의 속도를 높일수록 안개는 미로를 만든다. 붙들 수 없이 흩어지는 시간 속에는 뒷모습 보인 봉래산이 있고 신선 터널을 빠져나온 시야에는 장산이 말갛게 단장을 하고 있다. 이제 안개는 보이지 않는다. 터널은 경계를 이룬다. 경계를 넘어선 곳에 안개는 사라지고 없다. 안개는 경계 이전에 먼저 나를 가두고 있었다. 경계를 지나온 다음 안개가 사라졌다. 안개가 하는 독백은 경계가 없다는 말이다. 이는 결국 시적 화자가 안개에게 해주고 싶은 말이다. 박혜숙 시인이 이 작품에서 하고 싶은 말은 경계란 의미가 없다는 엄숙한 선언이다. 나와 사물 사이 터널 이전의 풍경과 터널 이후의 풍경은 결국 하나의 북항에 존재한다. 작은 터널 하나를 지났을 뿐인데 안개로 가리워져 있던 세상이 말끔하게 단장한 모습으로 나를 맞이해 주고 있다. 안개가 그 경계를 지운 것이라는 의미를 전달한다.

박혜숙 시인은 이 작품에서 나와 안개 사이에 벌어지는 여러 상황들은 각기 다른 의미를 가진 채 안개의 처신에 따라 달라질 수 있다는 것이며 그 안개는 경계를 지우는 존재로 남는다. 그 의미를 안개는 현실 모습을 독백으로 풀어내고 있다. 일상의 관계 속에서 시인이 찾아낸 나와 안개 사이 혹은 대교와 안개 사이, 안개와 크레인 철탑 사이를 경계가 지워진 세계임을 말하고 있다. 박혜숙 시인은 사이에서 따뜻함을 발견하고 존재의 의미를 보여 주는 일로 새로운 관계 혹은 사이를 발견한다.

 박혜숙 시인의 다섯 번째 시집 상재를 축하 드린다.